W9-BAS-959

SE BUSCA

VIVO o MUERTO

AL CAPITÁN FEROZ

por sus innumerables
crímenes, su total
atrocidad y ruin ferocidad
RECOMPENSA 100.000 doblones

A Seth, J.E.

Para Valentín y Matías, mis piratas favoritos, P.B.

Título original: *Here be Monsters*
Traducción: Rocío de Isasa
Adaptación de cubierta: Gráficas 4

Benito Castro, 6
28028 MADRID
www.maevayoung.com

ISBN: 978-84-15893-02-8
Depósito legal: M-17.271-2013

SOPLÓN PÉREZ
por ruin roñosidad
y repugnante criminalidad
RECOMPENSA 40.000 doblones

SE BUSCA
VIVO o MUERTO

PUÑALADA TUERTA
por pérdidas patrañas
y pestilentes artimañas
RECOMPENSA 30.000 doblones

SE BUSCA
VIVO o MUERTO

DUQUESÍN AZULÍN
por mezquino comportamiento
y monstruoso tratamiento
RECOMPENSA 50.000 doblones

SE BUSCA
VIVO o MUERTO

PAJARRACO VIRULÉ
por reprochable grosería
y vil rufianería
RECOMPENSA 50.000 doblones

SE BUSCA
VIVO o MUERTO

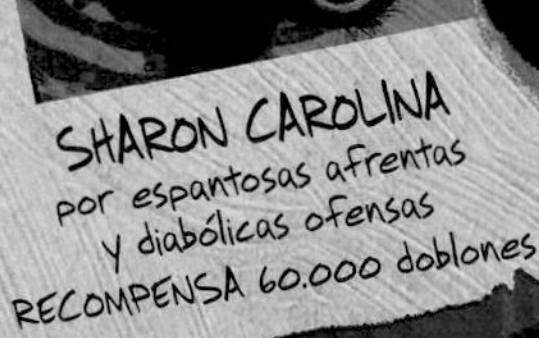

SHARON CAROLINA
por espantosas afrentas
y diabólicas ofensas
RECOMPENSA 60.000 doblones

SE BUSCA
VIVO o MUERTO

APESTOSO GARCÍA
por siniestra perversidad
y bestial barbaridad
RECOMPENSA 50.000 doblones

SE BUSCA
ASADO o AL GRILL

VÓMITO BRÛLÉE
por gastronómicas tretas
y perversas recetas
RECOMPENSA 20.000 doblones

Jonathan Emmett

Poly Bernatene

AQUÍ HAY MONSTRUOS

MAEVA young

El capitán Feroz era un pirata muy audaz.
Tenía el barco más veloz y la tripulación pirata más voraz.
Era el marinero más temible de aquí a siete mil millas.
Y al verlo, a todo el mundo le temblaban las rodillas.

Como a todo buen pirata, al capitán Feroz le encantaban los tesoros.
Y estaba dispuesto a lo que fuera y a navegar allí donde pudiera,
para hacerse con preciados oros.

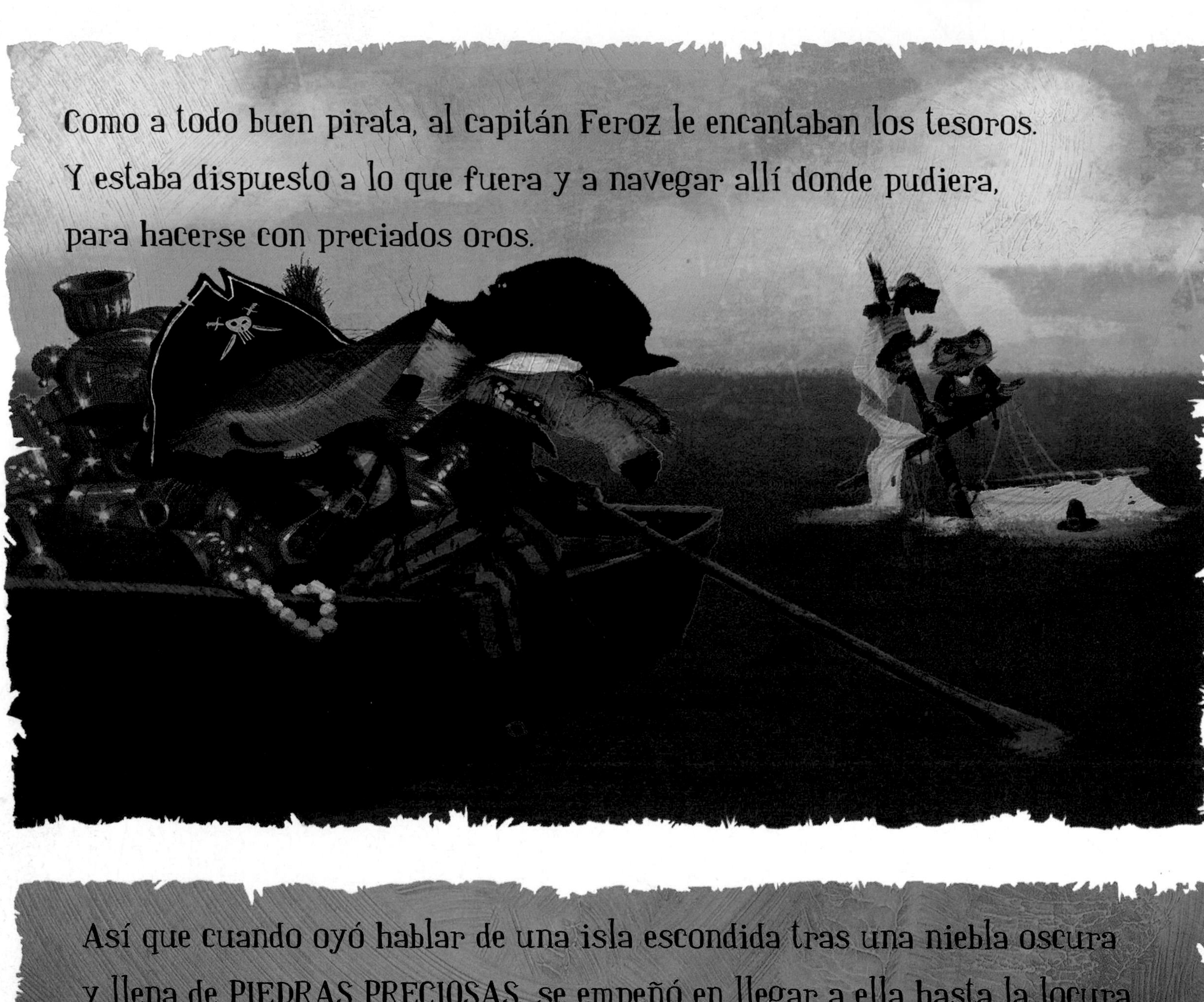

Así que cuando oyó hablar de una isla escondida tras una niebla oscura
y llena de PIEDRAS PRECIOSAS, se empeñó en llegar a ella hasta la locura.

—Con semejante tesoro —gruñó el capitán—, seremos ricos para siempre. ¡Tenemos que ir a esa isla! —insistía, pero sus marineros le enseñaban los dientes.

—¡Capitán, aquí hay monstruos! —dijo el primer oficial—. ¡En la niebla se esconden monstruos!

—¡Tonterías! —rugió el capitán—. Convenceos, marineros, no existen los monstruos.

Así que, a pesar de las dudas del oficial, ese mismo día partieron.
Y con el viento a su favor, pronto en camino estuvieron.

Tomó el timón el capitán Feroz y los llevó a su destino con seguridad y dicha.
El mar estaba tranquilo, y en el cielo azul reinaba la calma chicha.

El viaje transcurría sin grandes quebraderos de cabeza,
mientras los marineros hablaban de su futura riqueza.

De los monstruos enseguida se olvidaron,
y todo iba viento en popa hasta que llegaron...

. . . ¡A LA NIEBLA!

Cruzaba el océano como una pantalla inquietante y nebulosa,
como una cortina opaca y lechosa.
Y entonces escucharon un ruido enloquecedor.
Lamentos, gemidos, graznidos: un estruendo ensordecedor.

—¡Demos la vuelta!

—gritó el vigía, sin apartar los ojos.

—¡Demos la vuelta!

—gritó el cocinero—. O nos convertiremos en despojos.

—¡Sigamos adelante! —rugió el capitán—. Pensad solo en los trofeos.
Nada de darse la vuelta... ¿o acaso no somos piratas fieros?

Y siguieron navegando en un torbellino de niebla enrevesada
que se arrastraba bajo sus pies y los dejaba con la vista extraviada.
Cuando algo rugió desde el cielo y se posó en el mástil,
algo con un enorme pico, algo bestial y volátil.

—¡Aquí arriba!

¡Entre la niebla! —alertó el vigía—.
¡AQUÍ HAY MONSTRUOS!

—¡Menuda tontería! —gruñó el
capitán—. ¡Convenceos, no existen
los monstruos!

Y sin que se diera cuenta el capitán, ya que se ocultaba a sus ojos,
algo GRANDE y PELUDO lanzó sobre la tripulación sus patojos. . .

Y siguieron navegando en un torbellino de niebla
que se colaba por las portillas y ocultaba la bodeguilla.
Hasta que algo embistió el casco y los sorprendió por abajo,
algo con demasiados dientes, algo pegajoso como un gargajo.

—¡Aquí abajo!

¡Entre la niebla! —alertó el cocinero—.
¡AQUÍ HAY MONSTRUOS!

—¡Menuda tontería! —gruñó el
capitán—. ¡Convenceos, no existen
los monstruos!

Pero no se dio cuenta el capitán, ya que andaba distraído,
de que algo ENORME y alargado, a su tripulación dio un buen bocado...

Y siguieron navegando en un torbellino blanco
que giraba a su alrededor y no dejaba ver ni el barco.
Hasta que algo la proa golpeó y reptó por un lateral,
algo con ojos de diablo, algo hambriento y colosal.

—¡En este lado!

¡Entre la niebla! —alertó el vigía—.
¡AQUÍ HAY MONSTRUOS!

—¡Menuda tontería! —gruñó el capitán—.
¡Convenceos, no existen los monstruos!

Y el capitán no hizo nada, aunque no había posibilidad de acción,
cuando algo INMENSO y con TENTÁCULOS barrió a la tripulación.

El capitán siguió solo mientras la niebla se levantaba.
A lo lejos, lentamente, una isla se divisaba.
—¡TIERRA A LA VISTA! —rugió el capitán. Pero nadie contestó.
Y sin pararse a investigar, el capitán desembarcó.

—Han debido de abandonar el barco, esa cobarde chusma de rufianes...
Esos cobardicas niños de pañales, ¡se han ido como piratas patanes!

—¡Menuda tontería! —gruñó el capitán—. Irse nada más llegar.
Bueno, si no quieren su tesoro, no tendré nada que dar.

De costa a costa, la isla estaba plagada de joyas.

Debía de haber cientos —no, miles—. ¡O quizá más!

—¡Mías, todas mías! —gritó el capitán mientras saltaba de codicia y alegría—.

¡Ni en mis sueños vi tantas joyas, ni en mis sueños las tendría!

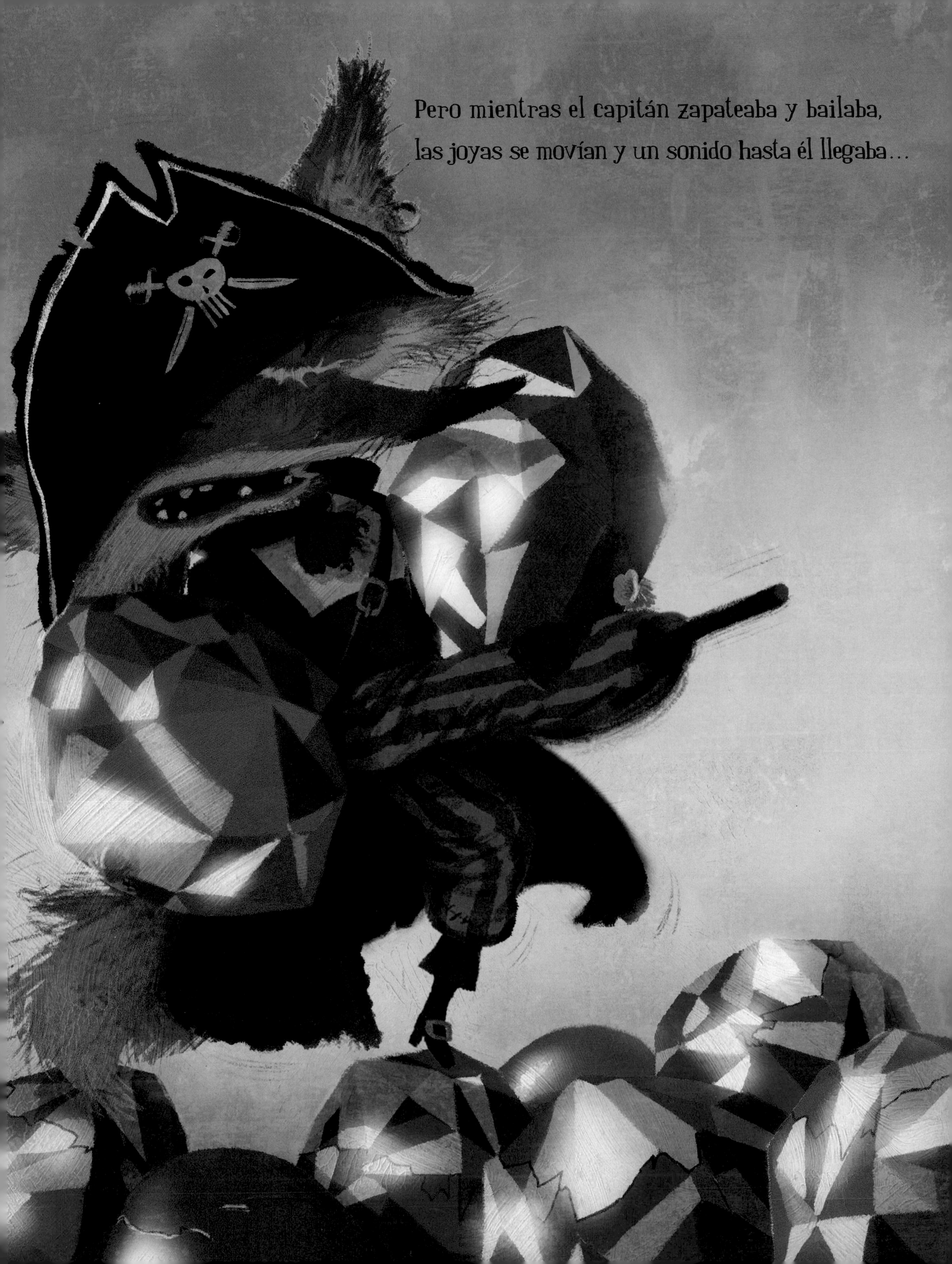

Pero mientras el capitán zapateaba y bailaba,
las joyas se movían y un sonido hasta él llegaba…

Y de dentro salieron zarpas y piernas, dientes y tentáculos,
Porque lo que creía que eran enormes joyas, eran en realidad...

. . . ¡ENORMES
HUEVOS!

—¡AQUÍ HAY MONSTRUOS! —gritó el capitán—. ¡ESTOY RODEADO DE ELLOS!

—¡AQUÍ HAY MONSTRUOS! —lloró el capitán—. ¡CLARO QUE EXISTEN LOS MONSTRUOS!

Pero no había nadie que lo oyera, ningún alma en muchas leguas.
Nadie que pudiera escuchar ni una sola de sus quejas.

El capitán Feroz era un pirata muy audaz.

Tenía el barco más veloz y la tripulación pirata más voraz.

Era el marinero más temible, el peor de uno a otro confín.

El capitán Feroz ERA un pirata, pero terminó siendo un. . .

. . . ¡FESTÍN!